Made in the USA
Las Vegas, NV
31 December 2024

15646772R00069